पहला चित्र शब्दकोश
जानवर
First Picture Dictionary
Animals

सूअर
Pig

तितली
Butterfly

खरगोश
Rabbit

लोमड़ी
Fox

अन्ना इवानिर द्वारा चित्रित

www.kidkiddos.com
Copyright ©2025 by KidKiddos Books Ltd.
support@kidkiddos.com

All rights reserved. No part of this book may be reproduced in any form or by any electronic or mechanical means, including information storage and retrieval systems, without written permission from the publisher, except in the case of a reviewer, who may quote brief passages embodied in critical articles or in a review.
First edition, 2025

Library and Archives Canada Cataloguing in Publication
First Picture Dictionary – Animals (Hindi English Bilingual edition)
ISBN: 978-1-83416-564-6 paperback
ISBN: 978-1-83416-565-3 hardcover
ISBN: 978-1-83416-563-9 eBook

जंगली जानवर
Wild Animals

शेर

Lion

बाघ

Tiger

जिराफ़

Giraffe

✦जिराफ़ ज़मीन का सबसे लंबा जानवर है।

✦*A giraffe is the tallest animal on land.*

हाथी

Elephant

बंदर

Monkey

भालू
Bear

कंगारू
Kangaroo

मगरमच्छ
Crocodile

ऊंट
Camel

ज़ेब्रा
Zebra

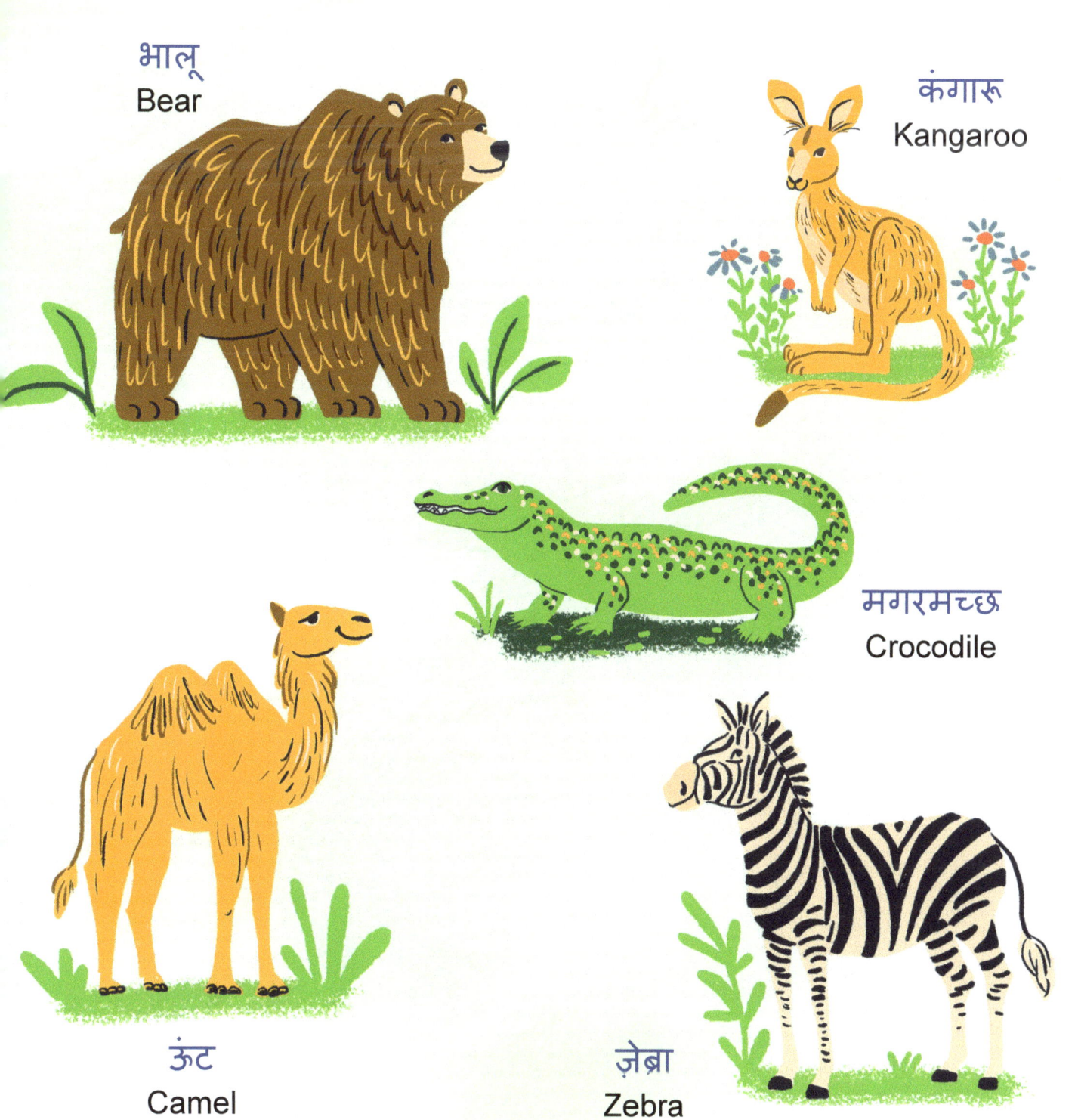

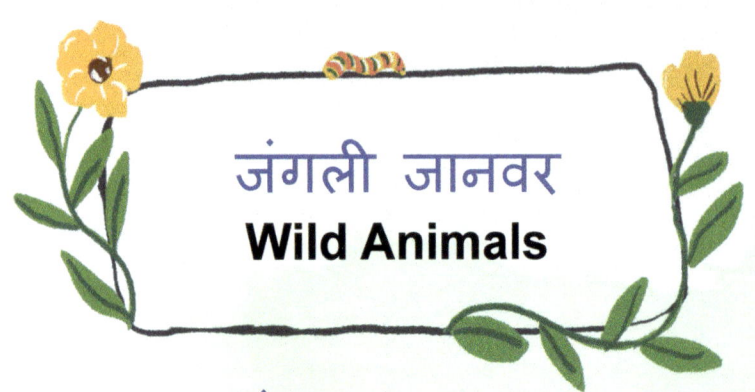

जंगली जानवर
Wild Animals

दरियाई घोड़ा
Hippopotamus

पांडा
Panda

लोमड़ी
Fox

गैंडा
Rhino

हिरण
Deer

मूस
Moose

भेड़िया
Wolf

✦मूस बहुत अच्छा तैराक होता है और पानी के भीतर जाकर पौधे खा सकता है!
✦*A moose is a great swimmer and can dive underwater to eat plants!*

गिलहरी
Squirrel

कोआला
Koala

✦गिलहरी सर्दियों के लिए मेवे छुपाती है, लेकिन कभी-कभी भूल जाती है कि उन्हें कहाँ रखा!
✦*A squirrel hides nuts for winter, but sometimes forgets where it put them!*

गोरिल्ला
Gorilla

पालतू जानवर
Pets

कैनरी
Canary

गिनी पिग
Guinea Pig

✦ मेंढक अपनी त्वचा और फेफड़ों दोनों से सांस ले सकता है!

✦ *A frog can breathe through its skin as well as its lungs!*

मेंढक
Frog

हम्स्टर
Hamster

सुनहरी मछली
Goldfish

कुत्ता
Dog

✦कुछ तोते बोल सकते हैं और इंसानों की तरह हंस भी सकते हैं!
✦*Some parrots can copy words and even laugh like a human!*

बिल्ली
Cat

तोता
Parrot

खेत के जानवर
Animals at the Farm

मुर्गी
Chicken

गाय
Cow

बत्तख
Duck

भेड़
Sheep

घोड़ा
Horse

सूअर
Pig

खरगोश
Rabbit

लामा
Llama

✦बकरी खड़ी चट्टानों पर और यहाँ तक कि पेड़ों पर भी चढ़ सकती है!

✦*A goat can climb steep rocks and even trees!*

बकरी
Goat

मोर
Peacock

टर्की
Turkey

पानी में रहने वाले जानवर
Animals in Water

मूंगा
Coral

ऑक्टोपस
Octopus

डॉल्फ़िन
Dolphin

जेलिफ़िश
Jellyfish

✦ऑक्टोपस के तीन दिल होते हैं और वह छिपने के लिए अपना रंग बदल सकता है!

✦*An octopus has three hearts and can change colors to hide!*

समुद्री घोड़ा
Seahorse

शार्क
Shark

झींगा मछली

Lobster

वालरस

Walrus

✦झींगा मछली का खून नीला होता है।

✦*A lobster has blue blood.*

✦सील पानी के भीतर गोता लगाते समय 30 मिनट तक सांस रोक सकती है!

✦*A seal can hold its breath for 30 minutes while diving underwater!*

सील

Seal

केकड़ा

Crab

आसमान में रहने वाले जानवर
Animals in the Sky

सीगल
Seagull

कठफोड़वा
Woodpecker

✦बाज आसमान से बहुत ऊंचाई पर से भी एक छोटे चूहे को देख सकता है!

✦*A hawk can spot a tiny mouse from high up in the sky!*

चील
Eagle

कबूतर
Pigeon

बाज
Hawk

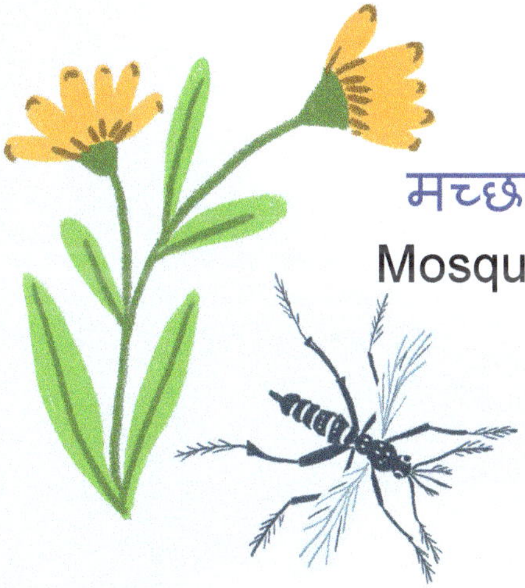

मच्छर
Mosquito

व्याध पतंग
Dragonfly

> ✦ व्याध पतंग पृथ्वी पर सबसे पहले आने वाले कीड़ों में से एक था, यहाँ तक कि डायनासोर से भी पहले!
> ✦ *A dragonfly was one of the first insects on Earth, even before dinosaurs!*

मधुमक्खी
Bee

तितली
Butterfly

लाल भृंग
Ladybug

ज़मीन पर रहने वाले जानवर
Animals on Land

टिड्डा
Grasshopper

सॉँप
Snake

✦साँप अपनी नाक की बजाय अपनी जीभ से सूंघता है!

✦*A snake smells with its tongue instead of its nose!*

चींटीखोर
Anteater

इल्ली
Caterpillar

कीड़ा
Worm

बिज्जू
Badger

साही
Porcupine

ग्राउंडहॉग
Groundhog

✦छिपकली अपनी पूंछ खोने पर नई पूंछ उगा सकती है!

✦*A lizard can grow a new tail if it loses one!*

छिपकली
Lizard

चींटी
Ant

जादुई जानवर
Magical Animals

एकसिंग
Unicorn

पेगासस
Pegasus

अजगर
Dragon

जलपरी
Mermaid

जंगली बिल्लियाँ
Wild Cats

प्यूमा
Puma

शेर
Lion

चीता
Cheetah

✦चीता ज़मीन पर सबसे तेज़ दौड़ने वाला जानवर है।
✦*A cheetah is the fastest animal on land.*

लिंक्स
Lynx

तेंदुआ
Panther

बड़े जानवर
Big Animals
व्हेल
Whale
वालरस
Walrus
भैंस
Buffalo
शुतुरमुर्ग
Ostrich
दरियाई घोड़ा
Hippopotamus
जंगली भैंसा
Bison

छोटे जानवर
Small Animals

गिरगिट
Chameleon

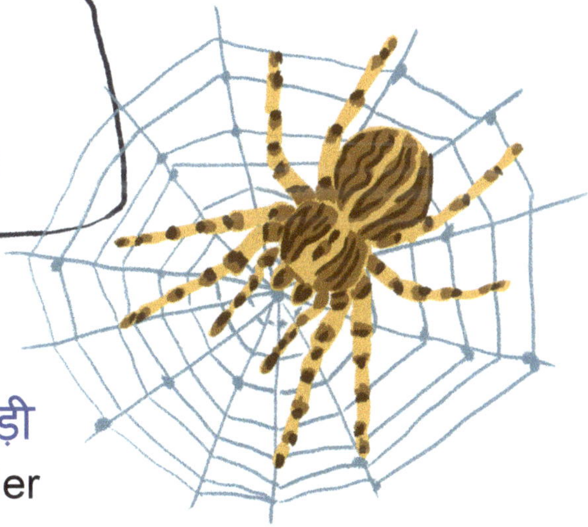

मकड़ी
Spider

✦शुतुरमुर्ग सबसे बड़ा पक्षी है, लेकिन वह उड़ नहीं सकता!

✦*An ostrich is the biggest bird, but it cannot fly!*

मधुमक्खी
Bee

✦घोंघा अपना घर अपनी पीठ पर लेकर चलता है और बहुत धीरे चलता है।

✦*A snail carries its home on its back and moves very slowly.*

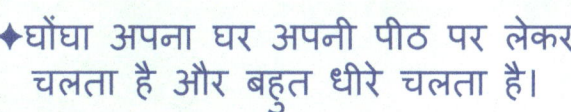

घोंघा
Snail

चूहा
Mouse

शांत जानवर
Quiet Animals

लाल भृंग
Ladybug

कछुआ
Turtle

✦कछुआ ज़मीन पर और पानी में दोनों जगह रह सकता है।
✦*A turtle can live both on land and in water.*

मछली
Fish

छिपकली
Lizard

शोर करने वाले जानवर
Loud Animals

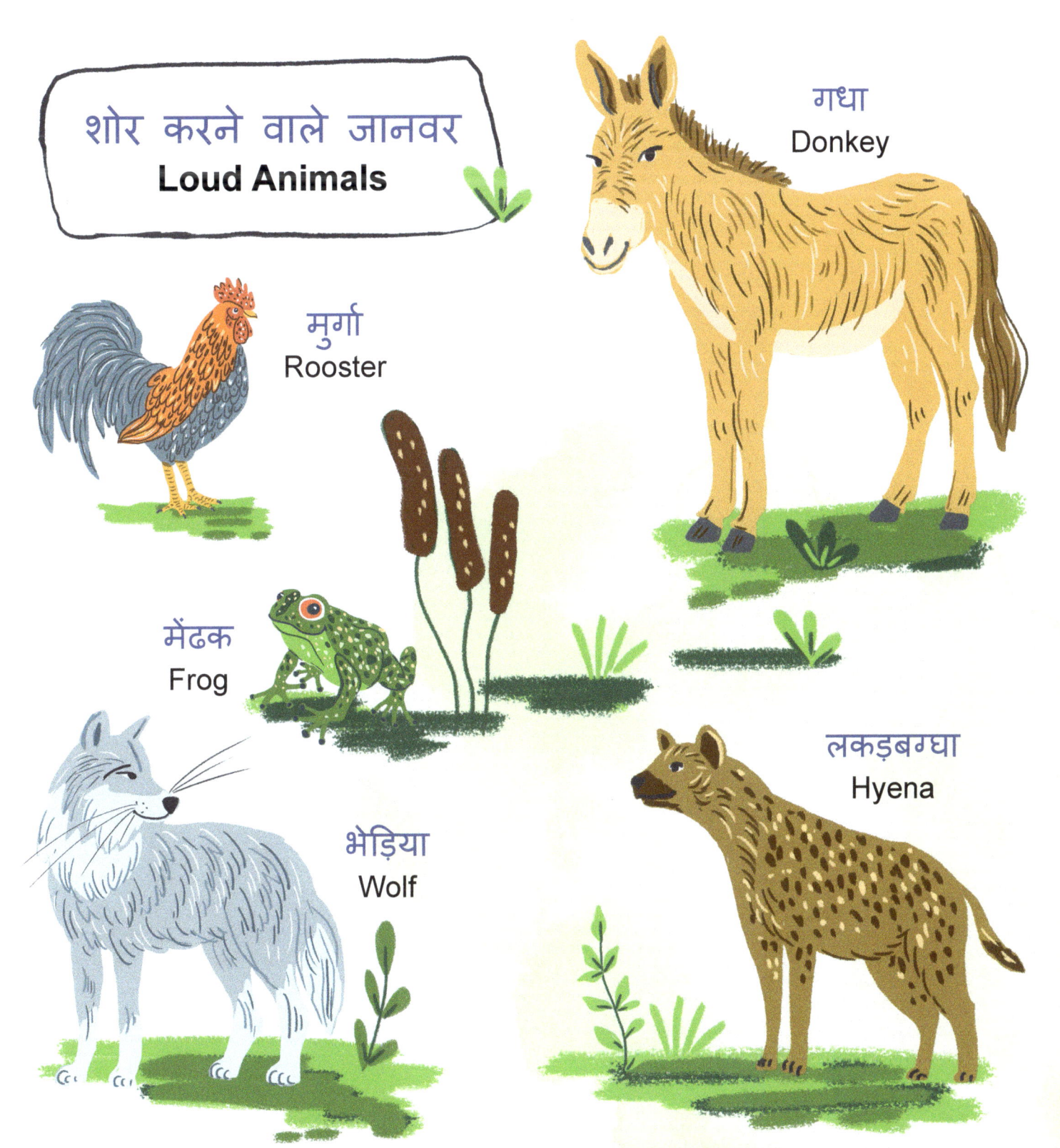

बर्फीले जानवर
Polar Animals
सील
Seal
किलर व्हेल
Orca
पफ़िन
Puffin
बारहसिंगा
Reindeer
पेंगुइन
Penguin
सफ़ेद भालू
Polar Bear

जंगल के जानवर
Jungle Animals

ओरंगुटान
Orangutan

तेंदुआ
Panther

टूकेन
Toucan

गोरिल्ला
Gorilla

बड़ी छिपकली
Iguana

एनाकोंडा
Anaconda

स्लॉथ
Sloth

रात में सक्रिय जानवर
Nighttime Animals

जुगनू
Firefly

बिज्जू
Badger

कीवी पक्षी
Kiwi Bird

तेंदुआ
Leopard

कांटेदार जंगली चूहा
Hedgehog

उल्लू
Owl

चमगादड़
Bat

✦जुगनू रात में चमकता है ताकि दूसरे जुगनुओं को ढूढ सकें।
✦A firefly glows at night to find other fireflies.

✦उल्लू रात में शिकार करता है और भोजन ढूंढने के लिए अपनी सुनने की शक्ति का उपयोग करता है!
✦An owl hunts at night and uses its hearing to find food!

रैकून
Raccoon

टारेंट्युला
Tarantula

रंग-बिरंगे जानवर
Colorful Animals

फ्लेमिंगो गुलाबी होता है।
A flamingo is pink

उल्लू भूरा होता है।
An owl is brown

हंस सफेद होता है।
A swan is white

ऑक्टोपस बैंगनी होता है।
An octopus is purple

मेंढक हरा होता है।
A frog is green

◆ मेंढक हरा होता है, इसलिए वह पत्तों के बीच छिप सकता है।
◆ *A frog is green, so it can hide among the leaves.*

ध्रुवीय भालू
सफ़ेद होता है।

A polar bear is white

लोमड़ी नारंगी होती है।

A fox is orange

कोआला धूसर रंग
का होता है।

A koala is grey

तेंदुआ काला होता है।

A panther is black

चूजा पीला होता है।

A chick is yellow

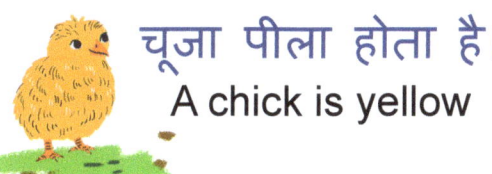

जानवर और उनके बच्चे
Animals and Their Babies

गाय और बछड़ा
Cow and Calf

बिल्ली और बिल्ली का बच्चा
Cat and Kitten

✦चूजा अंडे से निकलने से पहले ही अपनी माँ से बात करता है।
✦A chick talks to its mother even before it hatches.

मुर्गी और चूजा
Chicken and Chick

कुत्ता और पिल्ला
Dog and Puppy

तितली और इल्लियाँ
Butterfly and Caterpillar

भेड़ और मेमना
Sheep and Lamb

घोड़ा और बछेड़ा
Horse and Foal

सूअर और सूअर का बच्चा
Pig and Piglet

बकरी और मेमना
Goat and Kid

www.ingramcontent.com/pod-product-compliance
Lightning Source LLC
LaVergne TN
LVHW072100060526
838200LV00061B/4782
* 9 7 8 1 8 3 4 1 6 5 6 4 6 *